AF300109

# COURS PUBLIC

# D'ÉCONOMIE RURALE

---

## ANALYSE

### DES LEÇONS PROFESSÉES A L'HOTEL DE VILLE
### DE QUIMPERLÉ

PAR

## M. Pierre MÉHEUST

DIRECTEUR DE L'ÉCOLE SPÉCIALE D'IRRIGATION
ET DE DRAINAGE DU LÉZARDEAU.

**LORIENT**

Imprimerie de Ch. Gousset.

# ANALYSE

## DES

# LEÇONS PUBLIQUES

### D'ÉCONOMIE RURALE.

## COMPTE RENDU

de la
### SÉANCE D'OUVERTURE (*).

L'ouverture des leçons publiques instituées à Quimperlé par M. le comte de Brémont-d'Ars, Sous-Préfet de Quimperlé, et M. Pierre Méheust, Directeur de l'Ecole spéciale d'irrigation et de drainage du Lézardeau, avec le concours de M. le comte du Couëdic, maire de la ville, a eu lieu le 4 décembre.

Cette première réunion était présidée par M. le Sous-Préfet. Un grand nombre d'élèves des deux écoles primaires de la ville et les élèves stagiaires de l'Ecole spéciale du Lézardeau, ainsi que les différents professeurs, étaient présents à cette première leçon publique, à laquelle avaient voulu également assister plusieurs citoyens honorables et divers fonctionnaires.

M. le Sous-Préfet ayant à côté de lui M. Rous-

(*) Extrait de *l'Abeille de Lorient.*

seau, premier adjoint, et M. Pierre Méheust, directeur, a ouvert la séance en donnant lecture de
la circulaire de M. le Préfet, relative à l'Etablisse-
ment de l'Ecole d'irrigation et de drainage, circulaire qui fait appel à tous les agriculteurs dési-
reux de profiter des avantages de cet enseignement.

» Cet appel, a dit M. le Sous-Préfet, a été en-
» tendu, non-seulement dans le Finistère, mais en
» dehors de la Bretagne, et l'Ecole compte déjà
» des élèves venus des points les plus éloignés de
» la France.

» Les cours de l'Ecole spéciale d'irrigation vont
» donc désormais se faire d'une manière régulière
» et suivie, et l'adjonction d'un second professeur
» permettra avant peu d'en compléter l'ensemble
» indiqué par le programme.

» La création de l'Ecole spéciale d'irrigation et de
» drainage, destinée particulièrement aux élèves
» stagiaires sortis des Fermes-Ecoles et des Ecoles
» impériales d'agriculture, n'a pas fait supprimer,
» comme on pourrait le penser, une autre institu-
» tion également fort utile, je veux parler de
» l'Externat agricole créé par décision de S. Exc.
» M. le ministre de l'agriculture, externat annexé,
» comme vous le savez, aux Ecoles communales
» du chef-lieu d'arrondissement de Quimperlé.

» Les cours de l'Externat doivent être publics
» et gratuits; or, l'expérience a prouvé que le but
» proposé ne se trouvait pas atteint en continuant
» à laisser faire les leçons dans un local trop
» éloigné de la ville, du moins pendant la saison
» d'hiver. C'est pourquoi, de concert avec l'habile

» et savant directeur de la nouvelle Ecole du Lé-
» zardeau , M. Pierre Méheust, et MM. les direc-
» teurs des écoles de la ville, j'ai demandé à M. le
» Maire de vouloir bien permettre de faire les
» cours de l'Externat dans l'une des salles de la
» Mairie, pour en rendre ainsi l'accès plus facile
» à tout le monde.

» J'espère que notre intention en cela sera com-
» prise et appréciée. Un puissant intérêt s'attache
» aujourd'hui à tout ce qui touche à l'agriculture,
» et l'on peut reconnaitre la vérité de cette obser-
» vation que l'Empereur signalait dans l'un de ses
» messages au Corps législatif, c'est que la pra-
» tique des procédés agricoles a fait des progrès
» qui, par leur importance, s'élèvent à la hauteur
» de véritables révolutions économiques.

» Et vous, jeunes élèves, je vous répéterai en-
» core ce que disait M. le Préfet dans sa circulaire
» à MM. les Maires, au sujet de cet Externat :
» on ne négligera rien pour vous faire aimer et
» honorer la profession de vos pères, comme
» la plus utile, la plus indépendante et la plus
» riche en éléments de bonheur. On s'attachera
» enfin à former de bons cultivateurs et à pro-
» curer au pays des citoyens utiles et dévoués
» à l'Empereur. »

M. le Sous-Préfet a ensuite donné la parole à
M. le Directeur de l'Ecole, qui a exposé dans cette
première leçon le sommaire des matières qu'il se
propose de traiter dans le cours de l'année.

Nous reproduisons ici l'introduction des cours
que M. Méheust fera alternativement avec les autres
professeurs.

Messieurs,

Un des caractères de notre temps et l'un de ses succès, c'est la spécialisation du travail.

Nous vivons trop peu de jours pour embrasser l'étude de toutes les connaissances humaines. Aussi dans l'ordre moral nous divisons nos études, et, dans l'ordre matériel, nos applications.

Et cette spécialisation des fonctions humaines se voit partout. L'homme étudie l'histoire, le droit, la médecine, la théologie, la guerre, les arts et les sciences, l'agriculture et l'économie politique, et dans chacun de ces groupes de la science universelle, il forme encore des divisions, afin de sonder plus profondément les phénomènes qui s'y rattachent.

C'est ce principe de l'esprit humain qui a fait la plupart des grandes choses qui nous frappent. Comment? En attribuant à chaque individu sa part de travail en raison de ses facultés.

L'homme, d'abord sans doute chasseur, dans l'origine de son histoire, s'est bientôt élevé à la vie pastorale; puis il s'est fait laboureur, marchand, navigateur, guerrier, artisan, poète et savant, mais en spécialisant son travail, et cette division infinie de fonctions, depuis les premiers temps, nous a donné, dans chaque ordre d'idées et dans chaque espèce de faits, cette puissance de pénétration de l'esprit et cette exquisse faculté de création qui rendent aujourd'hui le globe si couvert de richesses.

Nous voyons ceci. Plus la science devient universelle par son rayonnement dans l'esprit de plus de peuples et de plus d'individus, plus aussi la division du travail s'opère.

Cette idée de spécialisation a porté la plupart des gouvernements à fonder des écoles pour les plus importantes professions vers lesquelles nous sommes appelés. Ainsi les arts ont leurs écoles ; la guerre a ses écoles ; le droit, la théologie, la médecine humaine et vétérinaire ont leurs écoles ; le commerce et l'industrie ont leurs écoles ; l'agriculture, riche et fière de nos jours, a ses écoles et son budget, ses vacheries et ses bergeries impériales, ses haras, ses concours et ses comices.

D'abord, dans les plus grandes villes, nous voyons des cours publics d'agriculture et de chimie agricole ; dans un grand nombre d'écoles primaires, nous trouvons un enseignement agricole élémentaire ; dans la moitié des départements, des fermes-écoles sont établies, et par-dessus tout cela, nous avons trois Ecoles impériales d'agriculture, immenses et magnifiques : Grand-Jouan, Grignon et La Saulsaie.

Et c'est pour spécialiser davantage encore l'enseignement agricole, que le Gouvernement vient de fonder au milieu de nous l'Ecole dont nous inaugurons aujourd'hui une partie des leçons.

Ici, Messieurs, l'occasion m'est offerte de remercier M. le comte de Bremond d'Ars, notre sous-préfet. L'intérêt qu'il porte à cet enseigement m'est bien connu. Il nous a toujours offert son concours bienveillant. Je suis heureux de lui en rendre hommage.

Je remercie en même temps le maire de cette ville, M. le comte du Couédic, du service qu'il nous rend en mettant à notre disposition la salle où nous sommes réunis.

Si nous trouvons, Messieurs, dans la spécialisation des études et dans la division du travail l'une des tendances de notre époque, nous voyons dans cette tendance l'un des progrès les plus considérables du temps.

L'esprit analytique a tout fait. Il a créé la doctrine philosophique. Il a découvert les phénomènes essentiels de la physiologie végétale et animale. Il a formulé les lois naturelles du monde, en physique, en chimie, en mécanique, en mathématique, en astronomie. Il a étudié chaque phénomène économique dans ses causes, dans ses actes et dans ses résultats, et décomposant en membres infiniment petits chaque agent de la production et chaque facteur du travail agricole, il est parvenu à déterminer les conditions au milieu desquelles la production rurale doit s'accomplir avec le plus de profit.

La production rurale s'obtient par la combinaison de trois agents économiques : le sol, le capital et le travail.

Et voyez ici déjà l'esprit analytique de la science agricole : il sépare en trois agents les facteurs essentiels de cette immense production qui s'élève seulement pour la France à 8 ou 9 milliards.

Mais ces agents ont des propriétés nombreuses et complexes. Ils sont soumis séparément à l'action de phénomènes innombrables. Ils sont modifiés dans leurs combinaisons par le rapport de leur puissance réciproque. Ils sont enfin subordonnés à l'influence des conditions de toute nature au milieu desquelles le cultivateur est placé.

La terre, agent de production, est limitée pour nous dans son étendue, placée pour nous dans des positions déterminées, composée suivant les forces naturelles d'une formation dont nous n'étions pas maîtres.

Le capital, autre agent de production, est limité pour nous suivant notre fortune, engagé dans des combinaisons que nous ne pouvons pas toujours interrompre, écarté quelques fois d'une amélioration foncière par des considérations de diverses natures.

Le travail, troisième agent de la production, est limité en raison de la population qui nous entoure, de l'abondance ou de la rareté des bras, du prix de la main-d'œuvre, de l'étendue de nos exploitations, des machines dont on peut faire usage.

Ainsi les phénomènes économiques de la production agricole s'accomplissent suivant une action combinée du sol, du capital et du travail, et en raison de l'influence de chacun de ces agents, nous obtenons une résultante positive ou négative, un bénéfice ou une perte.

Nous étudierons, Messieurs, cet hiver, dans ces leçons, les lois générales de la production agricole, le rôle de la terre comme agent économique, son influence sur la végétation en raison de sa composition, ses propriétés spéciales en présence de l'eau, les moyens d'assainissement que l'on peut employer quand elle est trop humide, et l'influence de cet assainissement sur les cultures, sur les engrais, sur les récoltes et sur les richesses du cultivateur.

La végétation terrestre est formée d'un certain nombre de tissus élémentaires disposés suivant un ordre déterminé de structure. Deux parties distinctes s'y rencontrent uniformément, distinctes d'abord par leur mode de végétation, et distinctes par les fonctions qui leur sont propres : ce sont les racines et la tige.

Les racines, organes de station et de nutrition; la tige, appareil de réduction et d'assimilation, ont ensemble une composition élémentaire et immédiate déterminée, où l'on trouve l'élément organique et l'élément minéral puisés dans les éléments de même nature confinés dans le sol et répandus dans l'atmosphère. Ainsi l'oxigène, élément simple; l'hydrogène, élément simple; le carbone, élément simple, et l'azote, élément simple lui-même, forment dans leurs combinaisons diverses les divers produits organiques du végétal; et la silice, la potasse, la chaux, le soufre, le phosphore, le fer, l'alumine et la magnésie, dans diverses proportions, forment à leur tour la base minérale de la plante.

Cette végétation attachée au sol, née d'une semence placée dans certaines conditions, a pris un certain volume de matières, un certain poids d'éléments assurément puisés dans la station où elle est plongée.

Quelle doit être alors cette station? Quel doit être ce sol?

Si le végétal qu'on y cultive est formé de silice, de potasse, de chaux, de phosphates, de fer et d'alumine, la terre elle-même doit contenir ces éléments.

Le rôle économique de la terre dans la végétation se manifeste donc dès le premier acte d'une plante, dès sa première évolution.

Maintenant, au second acte de la végétation, et

suivant le développement naturel des organes des plantes, apparaît l'influence de la composition du sol sur ses produits.

Les végétaux sont diversement composés. Les éléments constitutifs de leurs organes sont puisés aux mêmes sources et appartiennent aux mêmes principes; mais ces éléments sont engagés dans différentes proportions. Il y a des plantes très-calcaires, des plantes très-siliceuses, d'autres très-potassiques, d'autres enfin très-phosphatées. Et la loi de leur composition, variable suivant une certaine amplitude en raison de la nature du sol, n'admet pas cependant un écart très-considérable dans la proportion de leurs éléments. D'où il suit qu'un sol de composition déterminée ne peut avantageusement porter que quelques espèces de végétaux appropriées par leur composition propre à la nature du terrain.

Outre cette composition générale du sol et des plantes, il existe encore un élément de radicale importance dans les phénomènes de la vie : c'est l'eau.

Nous étudierons aussi, Messieurs, le rôle de l'eau dans la production, son influence dans les phénomènes de la vie, sa répartition économique sur les terres, son renouvellement dans le sol par le drainage et son aménagement par les irrigations.

# DEUXIÈME LEÇON.

### LOIS GÉNÉRALES DE LA PRODUCTION AGRICOLE.

Messieurs,

Quand on se place à la tête d'une ferme, il est important de connaître les lois générales de la production agricole.

Tout phénomène a ses lois, et lorsque ces lois restent inconnues, leur effet échappe à notre influence.

Les phénomènes agricoles sont nombreux, et les lois de la production se combinent entre elles dans des rapports infinis.

Mais entre tout phénomène et son principe, il y a un rapport constant; entre une série de lois et les phénomènes que ces lois engendrent, il y a aussi une constante relation.

Suivant ce principe, l'étude des lois de la production est rationnellement attachée à l'étude de ses phénomènes.

Les phénomènes de la production rurale se rattachent à différents ordres; les lois qui les régissent sont conséquemment de plusieurs espèces.

On reconnaît dans la production quatre espèces différentes de lois :

1° Les lois économiques ;

2° Les lois physiques ;

3° Les lois chimiques ;

4° Les lois physiologiques.

1° La première des lois économiques peut se formuler de la manière suivante : Toute production doit s'accomplir avec profit.

2° La seconde loi a pour formule ce qui suit : La production la plus avantageuse est celle qui donne les plus grands profits en raison du capital d'exploitation dont le cultivateur dispose.

3° Une troisième loi prescrit de subordonner l'étendue des fermes au capital d'exploitation.

4° Quatrième loi : Utiliser à leur maximum de puissance les agents gratuits qui entourent la production : eau, vent, chaleur, lumière.

5° Cinquième loi. Elle demande que les causes de résistance que nous rencontrons en toute chose soient réduites le plus promptement possible : distances des transports, pentes, exposition, mauvais états des routes, clôtures trop multipliées, morcellement du sol, formes irrégulières des champs, bâtiments défectueux, imperfection des machines, mauvaise qualité des animaux.

6° La sixième loi ordonne de répartir le capital d'exploitation proportionnellement à l'importance de chaque spéculation.

7° Septième loi. Les spéculations les plus avantageuses sont celles qui donnent au sol, par l'assainissement des parties humides et par l'arrosage des parties sèches, l'intégralité de puissance attachée à sa constitution minérale et à sa richesse organique.

8° D'après la huitième, nous pouvons dire :

Quand deux spéculations paraissent également avantageuses, il faut choisir la plus simple, si l'on ne peut les entreprendre ensemble..

9° Neuvième loi. Le fermage du sol doit se fonder sur la valeur du produit brut, diminué de la part que doit prélever le travail, le capital et le bénéfice du cultivateur. Je donne ici cette explication pour que ma formule soit mieux saisie : Lorsque le cultivateur prend sur le produit total moyen de sa ferme le bénéfice qui lui est dû au taux de 10 p. 0/0 de son capital d'exploitation, plus l'intérêt qui lui est dû au taux de 5 0/0 de ce capital, plus la rémunération due pour son travail et pour le travail de ses agents, ce qui reste du produit total de la ferme représente la part du fermage.

L'on pourrait exprimer cette loi par une formule algébrique très-simple : $F = P - T(T-I-C-I-B)$;

En faisant F = Fermage ;

— P = Produit brut moyen de la ferme;

— T = Rémunération du travail ;

— C = Intérêt du capital d'exploitation ;

— B = Profit du cultivateur.

Je sais que si l'on observait de nos jours les termes de cette formule, le fermage serait souvent nul, et il serait généralement plus faible qu'il ne l'est. C'est que le bénéfice du cultivateur considéré dans la formule précédente, au taux de 10 p. 0/0 du capital d'exploitation, dépasse énormément le bénéfice réellement obtenu. La production agricole n'est pas encore effectivement assez bien dirigée pour donner au cultivateur 10 p. 0/0 de bénéfice net. Elle est capable de donner cela, elle peut donner même 12 et 15 p. 0/0, mais il faut alors beaucoup d'intelligence et suffisamment de capitaux.

10° Suivant la dixième loi de la production, le travail de l'homme et des animaux doit être réduit dans la plus grande proportion possible, et le travail des machines, augmenté dans la plus grande mesure possible.

11° Dans la onzième loi, l'on peut dire ceci : Le capital des machines agricoles est le plus productif des capitaux de l'exploitation, si ces machines sont choisies en raison des spéculations les plus avantageuses.

12° La douzième loi économique donne la formule suivante : Les cultures doivent être entre elles dans un rapport toujours ordonné pour le plus grand profit net moyen, et les animaux doivent être choisis en raison de ces cultures.

13° Les lois physiques de la production donnent pour première formule ce qui suit : Le sol doit convenir aux cultures les plus avantageuses.

14° Une deuxième loi, c'est que le cultivateur doit modifier le sol en raison des lois physiologiques de la production.

15° Troisième loi. Le sol doit être assez humide en été pour que les récoltes y mûrissent bien, c'est-à-dire, il doit renfermer à 30 centimètres de profondeur au moins un dixième de son poids d'eau.

16° Quatrième loi. Le sol doit être assez perméable pour ne pas retenir après les pluies, à 30 centimètres de profondeur, plus du tiers de son poids.

17° Cinquième loi. La résistance du sol au travail des machines doit se réduire aux plus faibles proportions possibles.

18° Sixième loi. Le sol doit être assez profond et

assez perméable pour le développement complet des racines des plantes qu'on y cultive.

19° Septième loi. Le sol doit communiquer assez de chaleur aux plantes dans les différents temps de leur végétation.

20° Huitième loi. La chaleur du sol, l'humidité de l'air et la lumière solaire doivent se répartir dans les différents jours de l'année, suivant l'habitude des plantes, ou en d'autres termes, les plantes doivent être choisies en raison du climat où le cultivateur est placé.

21° Loi chimique. 1. Le sol doit au moins recevoir chaque année autant de matières utiles qu'il en perd par différentes causes.

22° Deuxième loi. Toutes les plantes prennent les éléments de leur composition dans le sol et dans l'air.

23° Autre loi. Les éléments constitutifs du sol doivent se grouper dans un rapport à peu près semblable à la composition de la culture qu'on y fait.

24° Une autre loi admet ceci : Les récoltes sont diversement composées. L'épuisement du sol après ces récoltes est donc varié.

25° Cinquième loi. La restitution que le cultivateur doit au sol est basée sur la composition de ce sol et sur les besoins des cultures suivantes.

26° Sixièmement. Une loi importante prescrit donc ce qui suit : La somme des matières fertiles soustraites au sol par les cultures doit lui être ramenée par le produit des cultures et par l'achat de certaines espèces d'engrais.

27° Septième loi. Les céréales prennent au sol la plus grande partie des éléments de leurs produits; conséquemment elles sont épuisantes puisqu'elles renferment de riches principes.

28° Huitième loi. Les fourrages, au contraire, surtout ceux qui appartiennent à une riche famille végétale appelée légumineuse, possèdent la propriété de puisers dans les éléments atmosphériques une grande partie de leurs propres éléments.

29° Neuvièmement. Il y a donc une loi fondamentale qui dit : Les céréales épuisent le sol et les fourrages l'enrichissent.

30° Autre loi. Il n'est cependant pas possible de cultiver sur le même terrain constamment la même plante, même une plante qui améliore le sol. Les principes minéraux que cette plante puise, elle les puise par ses racines, et elle les puise dans le sol, sans une restitution équivalente de l'atmosphère. Il y a donc, même encore dans les plantes qui améliorent, un épuisement qu'il faut réparer.

31° De ces lois diverses, il résulte ce principe: les cultures doivent se succéder suivant une certaine alternance. Cette alternance doit se baser sur la nature du sol, la nature des produits et les ressources dont dispose le cultivateur.

32° Douzième loi. Les plantes à cendre potassique doivent s'appliquer sur les fumures nouvelles. Les plantes à cendre calcaire et phosphatée doivent suivre en seconde année. Les plantes à cendre silicieuses doivent arriver en dernière sole.

33° Il y a pour moi une loi générale déduite de mes propres calculs : c'est que pour compenser l'épuisement des produits exportés d'une exploitation par les cultures consommées dans cette exploitation, il faut une surface aussi considérable de fourrages que de céréales, et même souvent il faut un peut plus de terre sous les fourrages que sous les céréales. Il faut en outre acheter des engrais à bases calcaires et phosphatées, prélevés par les récoltes vendues, car aucune restitution atmosphérique appréciable ou importante ne vient ramener l'équilibre du sol en semblables matières.

34° Loi physiologique. 1 La végétation n'est belle et profitable que lorsque le sol contient dans un état assimilable la totalité des matières nécessaires à une culture.

35° Une seconde loi énonce ce qui suit : les végétaux ont une composition déterminée. Ils contiennent tant d'azote, tant de carbonne, tant de chaux, tant de soufre, tant de chaque élément. Si le sol ne contient pas ces éléments en suffisante quantité, les cultures sont en souffrance. Si pourtant le sol contient un ou plusieurs de ces éléments en trop grande abondance, le cultivateur perd souvent l'excès de richesse de son terrain.

36° Ainsi, comme loi physiologique associée à un principe économique, l'on peut dire : le meilleur sol est celui qui contient les éléments nécessaires à une abondante récolte, sans dépasser en aucune matière la quantité d'éléments nécessaires à cette récolte.

J'étudierai, Messieurs, avec assez de détails, successivement ces différentes lois, et nous arriverons, en quelques mois, à formuler mathématiquement les règles en vertu desquelles la production agricole doit s'accomplir.

# TROISIÈME LEÇON.

## LES AMÉLIORATIONS EN AGRICULTURE.

Messieurs,

1° Dans ma dernière leçon j'ai énoncé d'une manière sommaire quelques-unes des lois générales de la production agricole.

J'ai rattaché ces lois à quatre séries de phénomènes, et j'ai dit, comme formule suprême, que la meilleure agriculture est celle qui enrichit le cultivateur.

2° L'agriculture qui enrichit le cultivateur, Messieurs, est celle qui améliore le sol et qui double les récoltes sans doubler les dépenses. Je désire indiquer aujourd'hui quelques-unes des améliorations les plus importantes de l'agriculture dans ce pays.

3° Toutes les améliorations doivent avoir pour objet l'augmentation des produits et la réduction des dépenses. Le bénéfice net du cultivateur est effectivement formé par la différence qui existe entre la somme des dépenses et la valeur des produits.

4° Les améliorations qui tendent à augmenter les produits peuvent se classer en deux séries :

1º Celles qui donnent aux éléments du sol l'intégralité d'action qui leur est propre dans la production des récoltes ;

2º Celles qui apportent dans le sol de nouveaux éléments nécessaires à l'accroissement de sa richesse.

5º Comme première amélioration, je place l'assainissement du sol. Pourquoi ? Comment ? Par qui ?

6º Que veut dire assainir un sol ? Eliminer l'humidité trop abondante qui le baigne ; établir dans la zone où végètent les cultures une proportion convenable dans tous les temps entre la terre et l'eau.

7º Quand une terre contient trop d'humidité, il arrive infailliblement une chose : les récoltes y souffrent.

Si cette humidité existe dans les terres labourables, les cultures d'hiver sont impossibles, et non-seulement elles sont impossibles, mais les cultures de printemps sont souvent compromises.

Si l'humidité existe dans les prairies, le foin est tardif et de mauvaise qualité, et son produit est souvent incapable de payer un grand fermage ou de donner quelques bénéfices, malgré l'apparent avantage d'une économie de travail.

8º Comment se produit cet effet de l'eau ? En décomposant l'air confiné dans le sol et en s'opposant à son renouvellement.

9º Les éléments solubles que le sol contient sont nécessaires aux cultures, parce que ce sont les aliments des plantes. L'humidité leur est également nécessaire, car c'est le véhicule qui porte ces éléments aux extrémités des plantes. L'air que le sol renferme est également nécessaire aux cultures, car l'air est l'agent qui prépare aux végétaux leurs éléments constitutifs.

10° Mais l'air stagnant est sans action sur le sol. Son oxygène entre de mille manières dans des combinaisons qui le font disparaître de l'atmosphère confinée où les racines des végétaux s'étendent.

11° L'air doit donc se renouveler incessamment dans le sol; il doit incessamment dissoudre les éléments inertes où les végétaux prennent leur station, et il ne doit pas rencontrer dans la présence de l'eau un obstacle à ce renouvellement.

12° Voilà pourquoi il faut assainir les terres trop humides, car il faut que l'agriculture enrichisse le cultivateur en assurant les récoltes et en les améliorant par l'utilisation des éléments dont le sol est déjà composé.

13° Mais comment assainir? Par quelle méthode et par quels capitaux opérer cet immense travail?

La plus simple méthode est la meilleure, et tous les ans l'on peut trouver sans peine le temps nécessaire pour exécuter cette amélioration.

14° Ne voit-on pas depuis quelques semaines les cultivateurs balayer avec soin les feuilles de leurs champs? Ces feuilles feront du fumier. Sait-on combien il coûte? souvent deux fois plus cher que ne devraient le payer les cultures. Il coûte 8 fr., 10 fr., jusqu'à 12 fr. le mètre cube, tandis qu'on ne devrait le payer que 4 ou 5 francs.

15° Eh bien! devant ces résultats qui nous frappent depuis un mois, je dis ceci : Le travail que demande dans la plupart des fermes l'assainissement d'une partie du sol serait cent fois mieux placé que celui qui fait payer si cher quelques charretées de feuilles balayées sur nos champs.

16° Souvent il ne faut donc aucune main-d'œuvre extraordinaire pour améliorer une ferme. Une répartition bien ordonnée du travail de nos domestiques et de nos journaliers peut accomplir en quelques années ce que demande la terre. Quelques rigoles bien dirigées, quelques tranchées de drainage bien placées, une bonne étude du terrain et des ressources de la production donnent tout ce qu'il faut au cultivateur dans cette amélioration foncière.

17° Et faut-il toujours l'intervention du propriétaire dans ce travail par des capitaux ? Nullement. La plupart du temps le fermier peut tout faire, et si le propriétaire doit intervenir quelquefois, il doit demander au moins cinq pour cent de revenu pour la somme qu'il consacre à sa terre.

18° Quoique le fermier puisse très-souvent entreprendre une amélioration de cette nature sans le concours du propriétaire, ce concours sera toujours avantageux aux deux parties. Le fermier gagnera toujours en payant cinq pour cent des capitaux qui seront appliqués avec intelligence à des travaux d'assainissement, et le propriétaire fera toujours un placement avantageux en y mettant ses épargnes.

Quand un propriétaire augmente ses revenus de cinq francs par des améliorations de cette nature, il augmente la valeur de son fonds au bout de quelques années, non de cent francs, mais de cinq cents francs.

On a dit que un d'eau et un de soleil ne font pas

deux, mais quatre. On peut dire que un écu et un bon placement ne font pas un écu, mais dix.

20. L'administration des ponts et chaussées, pour encourager le drainage, offre gratuitement des tuyaux aux cultivateurs. C'est donc un avantage encore qu'il ne doit pas abandonner.

21ᵉ Mais écoutez, Messieurs. Je disais tout à l'heure que dans un grand nombre de fermes l'on consacrait un travail énorme au ramassage des feuilles. Ne voit-on pas aussi chaque cultivateur ouvrir des rigoles d'assainissement dans ses prairies ? Mais comment ? Dans des directions qui empêchent l'eau stagnante de s'écouler et qui gênent le charroi des fumiers et des foins.

Avec la même dépense ne pourrait-on pas faire mieux ? Assurément oui. Toutes les rigoles ouvertes dans une prairie pour l'assainir doivent être tracées sur les lignes droites les plus longues possibles et dans les lignes de plus grande pente. Au moins ce n'est pas difficile. Cependant, le voit-on ?

22° La seconde amélioration du sol par l'utilisation des éléments que chaque cultivateur possède déjà, c'est l'irrigation. Nous ferons plus tard une étude spéciale de l'irrigation; mais je dis immédiatement ceci : plus de 30,000 kilomètres de rivières et de ruisseaux sillonnent la Bretagne, et plus de 20 milliards de mètres cubes d'eau par an se jettent dans la mer par leur embouchure.

Qu'en a-t-on fait? Presque rien encore. Cependant ces eaux, convenablement aménagées, pourraient porter les prairies naturelles de 230,000 hectares à plus de 300,000, et la production du foin pourrait s'élever à un milliard et demi de kilogrammes, au lieu de 640 millions.

23º Et par quelles forces ou par quels capitaux aussi pourrons-nous irriguer? Souvent par nos propres forces et avec nos propres capitaux.

Que faut-il? Approprier les ruisseaux dès leur origine. Tracer au niveau les rigoles d'arrosement. Entretenir ces rigoles et répartir les eaux en raison du temps et du sol Est-ce difficile? Nullement.

24º Une troisième amélioration, relative à l'utilisation immédiate des matières utiles du sol, ce sont les labours d'hiver et les labours profonds.

25º. Je disais en commençant que la présence de l'air dans le sol est indispensable aux récoltes, parce que l'air y détermine les réactions qui préparent les aliments des plantes.

Le drainage et les labours fournissent cet air au sol.

26º Les labours agissent encore d'une autre manière. Ils exposent au soleil, au vent, à la pluie, au froid, au dégel, les parties longtemps soustraites à l'action de ces agents, et ces agents, par leurs combinaisons alternatives et simultanées, enrichissent la terre de matières azotées capables de produire sans fumier 9 hectolitres de froment par hectare tous les deux ans

27º Plus les labours sont fréquents, plus les engrais agissent vite. Plus les labours sont profonds, plus les récoltes sont belles et assurées. Mais il faut ajouter ceci : Ne faites pas de labours profonds si vous n'avez pas beaucoup d'engrais. Ces labours profonds agissent efficacement sans doute, mais dans les terres fertiles, non ailleurs, car, au bout du compte, les récoltes ne sont proportionelles qu'aux éléments fertiles du sol.

28º Les améliorations qui ont pour objets l'accroissement de la fertilité du sol par de nouveaux éléments sont ordinairement plus dispendieuses que celles qui ont pour but l'utilisation des éléments déjà mélangés au sol.

29° Les nouveaux éléments indispensables au sol, en Bretagne, sont principalement les sables calcaires, les phosphates des noirs, des guanos ou des roches naturelles, les cendres et les charrées, les fumiers de ferme et les engrais humains.

30° Les cultivateurs qui mettent un écu dans certains engrais en obtiennent quatre. Ceux qui mettent un écu dans l'aménagement des eaux et l'assainissement de leurs terres en obtiennent dix. Dans tous les cas, ces améliorations sont celles qui doivent changer la face des choses dans la production agricole.

31° Je dois cependant déclarer de suite que ces améliorations doivent être ordonnées avec beaucoup de savoir, ou elles seront moins productives.

32° La Bretagne est formée de deux espèces de terrains, le granit et le schiste.

Ces deux terrains manquent de calcaire. Il faut le leur fournir.

33° Les végétaux cultivés par nous renferment dans leurs tissus une forte proportion de calcaire. Ils doivent puiser cet élément dans la terre, puisque l'atmosphère ne le fournit pas.

34° Mais le calcaire agit encore d'une autre manière dans nos cultures. Il agit comme agent chimique sur les matières organiques et minérales du sol. Il les désagrége, les désunit ou les combine, les rend solubles et assimilables.

35° Quelle quantité de calcaire peut-on appliquer par hectare ?

Cette question me fait penser à ce que je vois sur un grand nombre de points du littoral de la Bretagne : des cultivateurs employant des sables presque entièrement inertes dans la même proportion que les sables qui renferment 80 pour 100 de carbonate de chaux.

Je connais, sur le littoral de Plœmeur et de Lorient, sur la rivière de Quimperlé, comme sur celle de Quimper, des sables micacés et siliceux qui ne contiennent pas plus de 10 à 12 pour 100 de carbonate de chaux, employés par un très-grand nombre de cultivateurs, qui dépensent pour leur transport à plusieurs lieues dix fois plus que ne vaut cet engrais. Cependant il faut encore payer ce sable aux bateliers qui vont le chercher à l'embouchure des rivières. A Quimper, la batelée de 4 à 5 mètres se vend 11 fr., et son transport moyen dans les villages ne s'élève pas à moins de 12 à 14 francs.

Le cultivateur paie donc le mètre cube de carbonate de chaux renfermé dans ces sables, de 45 à 50 fr., c'est-à-dire il paie l'équivalent du mètre cube de chaux de 90 à 100 fr., ou de 9 à 10 fr. l'hectolitre.

Quand l'ignorance perpétue de tels usages, que peut-on, Messieurs, demander à l'agriculture ?

36° La proportion qui me paraît la plus avantageuse à tout le monde peut s'élever de 8 à 10 mètres cubes par hectare de sable, composé de 70 à 80 pour cent de carbonate de chaux, tels que les sables de Pont-Aven, de Concarneau, du Pouldu, de Morlaix, de Lannion, etc.

Le fermier peut employer cette dose avec profit, et le propriétaire ne peut guère la dépasser, car elle convient au sol et aux cultures, et l'on ne doit pas en agriculture employer plus de capitaux dans une opération que ne vaut le revenu de ces capitaux.

37º Comment agit le calcaire dans le sol et dans les plantes? Je n'ai le temps de le dire qu'en un seul mot Il agit dans le sol comme agent chimique, et il agit dans les plantes comme agent physiologique. Dans le sol, il détermine des réactions qui rendent la matière organique graduellement soluble pour les cultures. Dans les plantes, il concourt à la formation des différents tissus dont chaque organe est formé.

38º Je ne crois pas à l'effet mécanique des sablages ou des chaulages, et je ne crois pas à leur effet physique sur le sol.

Les cultivateurs disent cependant : cela échauffe la terre, divise, rafraîchit.

Messieurs, ce n'est pas cela. Quelle action de division ou d'hygroscopicité peut exercer 2 mètres cubes de chaux ou 10 mètres cubes de sables calcaires dans un volume de 5000 mètres cubes de terre? Aucune. Ce n'est pas appréciable.

La chaux et les sables calcaires agissent dans le sol comme agent chimique et dans les végétaux comme principes alimentaires, mais ne leur accordez aucune autre propriété importante ni dans la terre ni dans les plantes.

39º Les cendres et les charrées conviennent principalement sur les sarrasins et sur les pré. Les cendres agissent par la soude, la potasse, la chaux et les phosphates qu'elles contiennent.

Il faut en mettre peu chaque année, mais il faut en mettre tous les ans sur le même terrain, principalement sur les prairies.

40° Le foin prend au sol énormément de matières alcalines et phosphatées, telles que celles qui composent les cendres et les charrées. Pour obtenir de grands produits, il faut donc fournir aux prairies suffisamment de ces matières. Mais ces matières sont très-solubles. Il convient donc de les employer en petites doses à la fois.

6 hectolitres de cendre et 10 hectolitres de charrée par hectare de prairie me paraissent des doses appropriées à la fois à la nature de ces engrais, à la nature du sol des prairies et à la nature des herbes qui y croisent.

41° Les guanos, les noirs et les phosphates naturels agissent principalement par leurs phosphates de chaux. Ces engrais sont très-solubles et conséquemment ils agissent vite.

L'heure est trop avancée pour que je puisse aujourd'hui en parler.

42° Malgré l'énorme ressource des engrais que je viens de citer, la base de la fertilité, c'est toujours cependant le fumier de ferme et l'engrais humain.

43° L'agriculture manque de fumiers; mais pourquoi ? Le fumier se perd de toute part, par la fermentation, par la pluie, par le vent, par le soleil, et aucun cultivateur, presque aucun cultivateur ne voit pas qu'il se perd et ne sait pas le sauver. Le quart au moins et même le tiers des fumiers se perd dans nos fermes, et l'engrais humain tout entier se perd lui-même dans la plupart des villages.

, Cependant avant de savoir produire plus de fumier, l'on doit savoir conserver celui qui est fait ? Je dis ceci : l'on ne verra la fertilité s'accroître partout que lorsque les études agricoles auront éclairé les cultivateurs. Entreprendre une chose sans la connaître, ce n'est pas gagner, c'est perdre.

Cette question n'est pas épuisée, Messieurs, et dans la prochaine leçon nous pourrons la reprendre en examinant les améliorations qui ont pour objet la réduction des dépenses dans un système de culture.

# QUATRIÈME LEÇON.

## LES DÉPENSES EN AGRICULTURE.

Messieurs,

1. Dans ma dernière leçon, je vous disais ici que les améliorations agricoles doivent avoir pour objet l'accroissement des produits et la réduction des dépenses.

Je vous disais que les améliorations qui augmentent les produits sont de deux espèces :

1º Celles qui donnent à la terre la vitalité physiologique spécialement propre à sa composition, c'est-à-dire l'assainissement, l'irrigation, les labours d'hiver et les labours profonds ;

2º Celles qui fournissent au sol de nouveaux éléments de fertilité, de nouvelles matières alimentaires des plantes, c'est-à-dire les fumures diverses par les sables de mer, la chaux , le noir animal , les phosphates naturels, les cendres et les charrées, le fumier de ferme et les engrais humains.

2. Je n'ai pas eu le temps de vous dire ce que j'avais dans l'esprit sur les fumiers de ferme, et je reprends ici cette leçon pour vous dire, au moins d'une manière sommaire, ma pensée sur cette énorme question. Je vous dirai ensuite comment

j'entends la réduction des dépenses dans la production agricole.

3. Messieurs, dans ces leçons, je n'ai en vue que notre pays, le Finistère, le Morbihan, la Bretagne. Eh bien! voici ce que je puis dire : La quantité de fumier consommée par les cultures en Bretagne dépasse la quantité produite de deux milliards deux cents millions de kilogrammes. Et comment remplit-on ce déficit? par les fumiers de lande et de feuilles, par le goëmon de nos côtes, par les cendres et les noirs, par l'atmosphère sur les travaux du sol.

4. La fertilité immédiatement utilisable par les cultures s'élève en Bretagne, pour les grains et les fourrages, à environ vingt-deux milliards de kilogrammes de fumier dosant quatre millièmes d'azote.

La consommation qui en est faite année moyenne, et les pertes que l'on subit, peuvent s'évaluer à un peu plus de six milliards de kilogrammes.

La production obtenue par les récoltes consommées dans les fermes ne dépasse pas trois milliards et demi de kilogrammes

Et voilà où l'on trouve le déficit de plus de deux milliards de kilogrammes de fumier par an pour un million et demi d'hectares.

5. Cependant la fertilité s'accroît sensiblement dans notre pays. Comment? Je viens de le dire, par l'atmosphère, par les landes et les genêts, par feuilles, les cendres et le noir animal.

6. Mais ce n'est pas de cette manière qu'il faudrait que la fertilité s'accrût Il faudrait qu'elle vînt de la ferme, qu'elle sortît de l'étable et qu'elle prît sa source dans les fourrages. Le reste serait

notre prime d'assurance contre les récoltes malheureuses.

7. Je reviens à ce fait énorme, déplorable : la perte des fumiers de ferme avant leur application.

8. Je vous disais l'autre jour que les fumiers se perdent par la pluie, par le soleil, par la fermentation, sous nos yeux, devant nos portes, partout, en nous salissant les pieds.

C'est triste, c'est de l'insouciance, mais il y a quelque chose de plus triste encore, c'est de brûler les fumiers.

Oui, on y met le feu. On les façonne, on les mélange, on les élève en tas, on les transporte sur les champs pendant le mois de mai, et on les brûle... Cela se voit dans la Loire-Inférieure, tout près de nous, dans la Charente-Inférieure, dans la Vendée.

Pourquoi? Pour avoir de la cendre J'ai vu cela.

9. J'ai vu dans un bien riche département, dans la Manche, brûler de la paille de sarrazin. C'est moins extraordinaire que l'incinération des fumiers, mais c'est extrêmement mauvais.

10. Les cendres ne valent jamais les fumiers ou les litières qui les fournissent. La matière minérale d'une plante ne vaut pas la plante elle-même préparée comme engrais.

11. Que devons-nous faire en présence de ce qui se fait, et comment pouvons-nous faire mieux? En faisant le contraire.

Il faut recueillir tous les engrais produits en les appliquant sur les terres dès qu'on les sort des étables. Il faut recueillir toutes les eaux qui traversent nos cours pour les répandre sur nos prés secs. Il faut utiliser les engrais humains dans les arrosages. Il faut enfin augmenter la production des fumiers par la production des fourrages. — dix hectares de fourrages soignés pour sept hectares de grains permettent l'accroissement de la fertilité en matières organiques.

12. Je prends une autre question, Messieurs. Je vais un peu vite Je passe beaucoup de choses. Mais le temps me presse.

Examinons les améliorations qui réduisent les dépenses en agriculture. Elles sont complexes.

13. Analysons brièvement les faits. Quels sont les éléments qui composent les frais de production?

> Le fermage et les impôts ;
> L'intérêt du capital d'exploitation ;
> La rétribution du travail.

14. Nous ne sommes maîtres ni du fermage, ni des impôts. Leur valeur s'accroît avec rapidité dans notre pays. Elle s'accroît avec la fertilité du sol, avec les débouchés qui s'ouvrent de toutes parts, avec la liberté du commerce inaugurée par le traité d'Angleterre et la suppression de l'échelle mobile, avec la population qui se développe et qui s'éclaire. Elle s'accroîtra pendant longtemps chez nous, car il y a beaucoup à faire dans notre agriculture, et les progrès de l'agriculture font élever la rente du propriétaire comme le revenu public.

15. Le fermage et les impôts s'élèvent à peu près à 40 francs par hectare de sol en culture et en prairie. Nous pouvons compter que dans 20 ans ces dépenses seront portées à 60 francs.

16. L'intérêt du capital d'exploitation peut se compter à 5 pour 100. Il se prélève ou peut se prendre dans un compte d'exploitation sur le capital représenté par l'inventaire du cultivateur.

**17.** Mais où trouverons-nous une comptabilité rurale méthodique et complète, ayant son inventaire annuel, ses comptes annuels de cultures et d'animaux, et sa page de profits et pertes ? Je n'en sais rien. Je n'en vois guère. Je puis seulement avancer que l'on peut évaluer le capital du cultivateur dans cette contrée à raison de 200 francs par hectare en culture et en prairie, ce qui représente un intérêt de 10 francs par hectare productif.

**18.** Ainsi 10 francs d'intérêt par hectare, 40 francs de fermage et d'impôts, total 50 francs, voilà la moyenne dépense qui concerne les deux premiers agents de la production, la terre et le capital.

**19.** Mais cette dépense n'est rien. On la connaît d'avance. On la solde une fois l'an. On la prélève sans embarras quand les denrées sont chères comme dans ces dernières années.

Mais il y a autre chose.

**20.** Il y a le travail et son salaire, le travail du cultivateur lui-même et de sa famille, le travail des domestiques, des journaliers, des chevaux et des bœufs, des instruments et des machines, et il y a dans ce travail une usure permanente du mobilier d'exploitation, un entretien coûteux et un dépérissement constant ; et tout cela varie chaque jour et doit se régler chaque jour, et c'est difficile à diriger pour celui qui n'en a pas l'habitude et qui ne connaît pas chaque opération.

**21.** Dans le travail agricole, quels sont les facteurs les plus coûteux ? L'homme d'abord, puis le cheval et le bœuf, puis la vapeur, puis l'eau dans les machines hydrauliques. Je ne parle pas du travail du vent.

22. Si le travail de l'homme est le plus cher, il faut le réduire à son expression la plus écono-mique. Mais comment ? Voilà une grande question.

Résolvons cette question.

23. Je m'élèverai peut-être un peu haut, mais pas trop haut. Vous me comprendrez.

Que fait-on autour de nous ? Trois espèces de cultures : le sarrasin ou blé-noir, le seigle et l'a-voine. Si l'on cultive du froment, on le met à la place du seigle.

Il y a avec cela une chose encore, du foin. Chaque ferme a quelques hectares de pré, et l'on commence à cultiver même du trèfle.

24. Ces cultures, qui semblent se faire le plus simplement du monde, se font, Messieurs, de la manière la plus coûteuse.

Voyez ce que je vais dire.

25. La main d'œuvre s'emploie dans quatre temps :

1° Du 1er octobre au 15 novembre, six semaines : semailles de l'avoine et du seigle ;

2° Du 1er mai au 15 juin, six semaines : se-mailles du sarrasin ou blé-noir.

3° Du 1er juillet au 15 septembre, deux mois et demi : fenaison et moisson.

Total du temps employé, cinq mois et demi ; mettons six mois, la moitié de l'année.

26. Dans l'autre moitié de l'année, que fait-on ? L'on coupe du genêt pour les fumiers, l'on ramasse les feuilles, on pile peut-être de la lande pour les chevaux et les bœufs, on coupe le bois de chauf-fage, on répare les clôtures.

Et c'est tout. Les gens font peu de chose, les attelages ne font rien.

**27.** Eh bien! je donne un nom à cela : j'appelle cela de la bêtise !

Six mois de travail et six mois de repos, c'est trop extraordinaire pour que ce soit bien. Dans une exploitation chaque journée doit être remplie par le travail de tous les gens et de toutes les bêtes nourries ou payées pour cela.

**28.** Mais on m'a répondu dans une semblable question : Que voulez-vous que l'on fît ?

Et j'ai répliqué : Une révolution, c'est-à-dire un système de culture où les travaux fussent également utiles ou également répartis dans chaque mois. Un système de culture où les attelages fussent constamment occupés, où le travail le plus cher, celui de l'homme, fût uniquement et précisément appliqué aux opérations que le cheval ne peut faire. Un système de culture où la terre n'eût jamais le temps de rester inculte, où il fallût continuellement labourer, fumer, herser, semer, biner, récolter, d'un bout à l'autre de l'année, en diminuant le plus possible les frais généraux, les résistances des mauvais chemins et l'usure des instruments. Un système de culture enfin où l'on pût réaliser le mieux la réduction des dépenses par l'utilisation complète des agents payés et entretenus pour le travail.

**29.** Dans l'état actuel des cultures autour de nous, le travail agricole coûte environ 120 francs par hectare :

40 fr. pour labours, hersages, transports de fumiers, façons à la main, au croc, à la houe, à la pioche, à la bêche, semailles.

40 fr. pour faucillage des blés, fauchage des foins, liage, fanage, rentrée, battage, vannage, vente des denrées, etc ;

40 fr. pour frais généraux, entretien du ménage, entretien du bétail, entretien des attelages, des harnais et des instruments, entretien des clôtures, fabrication des engrais, etc.

30° Que rapportent ces 120 francs? Environ 200 francs. Que devraient-ils rapporter? 300.

31° Oui, 100 francs de plus, 300 francs, et ce n'est pas difficile à voir : c'est que les forces employées pour un hectare pourraient cultiver un hectare et demi, ou mieux encore, elles pourraient, par un bon emploi, augmenter de 100 francs le produit de chaque hectare de culture et de prairie.

32° Ce sont donc là nos dépenses en agriculture? 120 francs de travail, 40 francs de fermage et d'impôts, 10 francs d'intérêt pour le capital d'exploitation, total 170 francs pour un produit de 200 francs?

33. Il y a donc un bénéfice de 30 francs par hectare, avec un capital de 200 francs, c'est-à-dire un bénéfice de 15 pour 100? La part est belle, mais je la compte pour les années exceptionnelles que nous traversons, et, pour ces années, le bénéfice est vrai, car la position du cultivateur est depuis quelque temps excellente chez nous, malgré le prix de la main-d'œuvre. Les grains sont chers, les animaux sont chers, le beurre, les œufs, le bois, le foin, la paille, tout est cher.

34. L'agriculture se dédommage des vils prix qui la frappaient il y a peu d'années Elle paie ses dettes et augmente son capital. La population tout entière y gagnera, car le travail sera augmenté.

35. L'agriculteur n'a qu'à étudier les améliorations qui réduisent les dépenses, et le progrès de notre pays sera accompli.

36. Je résume en quelques mots ces améliorations :

37. Elles sont dans l'égale répartition du travail des attelages et des gens pendant l'année par l'accroissement des cultures fourragères ;

38. Dans la substitution du travail des attelages au travail des bras dans une foule d'opérations où cette substitution est possible ;

39. Dans l'amélioration des chemins d'exploitation ;

40. Dans l'amélioration de nos instruments ;

41. Dans l'augmentation des fumures et des travaux qui améliorent la terre ;

42. Dans l'abondante alimentation des animaux ;

43. Dans la vente des produits de la culture dans les moments les plus favorables, par récoltes entières à la fois, et non par sac dans tous les marchés et dans toutes les foires.

44. Dans notre prochaine leçon nous étudierons, Messieurs, les cultures les plus avantageuses et le rapport que nous devons établir entre elles.

# CINQUIÈME LEÇON.

LES CULTURES QUI DONNENT DU PROFIT.

Messieurs,

1. Je vous ai promis cette leçon sur les cultures qui donnent du profit. Certes, elle vaudra bien les autres, car les profits en agriculture sont assez rares partout, et il faut savoir pourquoi.

2. Dans les temps moyens, avec la moyenne fertilité que possède notre agriculture, avec le prix moyen de nos denrées pendant huit ou dix ans, nous ne gagnons rien, presque rien. Je parle de notre pays.

Nous gagnons un salaire pour notre travail, nous réalisons un intérêt pour les capitaux engagés par nous dans nos exploitations, mais je ne vois guère de bénéfices. Où sont-ils? Voyons cela.

3. Un fait important me frappe. La richesse de nos familles agricoles n'a pas suivi la progression du temps, n'a pas suivi le développement de la production de quelques autres provinces.

Pourquoi? J'en recherche la cause.

4 Je voudrais voir une chose : réaliser des bénéfices avec les ressources que chacun de nous

possède. Pouvons-nous le faire? Oui. Le faisons-nous? Non.

Non, il nous manque une qualité, le savoir agricole

5. Nous avons tout ce qu'il faut pour changer en dix ans la face des choses dans notre pays, tout ce qu'il faut, moins cela, la science pratique de l'économie rurale.

6. Nous avons un capital agricole; je l'évaluais l'autre jour Nous avons une terre d'une admirable configuration. Nous avons à côté de nous, à bon marché, quelque fois pour rien, l'élément calcaire nécessaire au sol qui produit. Nous avons des sources nombreuses partout. Nous avons un climat parfait, tempéré, humide, humide surtout pendant les mois où la chaleur est forte et où le sol est plein de fécondité. Nous avons une main-d'œuvre qui n'a pas été rare comme aujourd'hui, qui n'a pas été chère comme aujourd'hui, qui n'a pas été comme depuis deux ou trois ans inconstante, indocile, incorrigible et vagabonde.

Nous avons tout. Il suffit de tout combiner de manière à utiliser chaque agent dans sa plus haute puissance.

7. Avec ce qui existe, nous pouvons être tous riches; mais, dans l'ordre où ces choses existent, les bénéfices sont impossibles.

Les fermes sont trop grandes.

8 Me croyez-vous? Pensez-vous aussi que les fermes soient trop grandes? Oui? Vous avez raison. Trop grandes pour le capital que les cultivateurs apportent dans leur exploitation.

Ce n'est pas le capital de deux ou trois cents francs par hectare qui donne des bénéfices, Messieurs, c'est au moins quatre ou cinq cents francs.

9. Il suffit de dire cela et de savoir cela pour se placer, sous ce rapport, dans la meilleure condition économique. Qu'est-ce qui le prouve ? Un fait.

10. Les bénéfices des cultures sont proportionnels au produit des récoltes. Plus il y a de grains dans un hectare, plus il y a d'écus, et pourtant les dépenses varient peu sur cet objet, elles ne varient guère que par les fumures.

11. Il y a cependant, pour chaque culture, une limite de production. Un hectare de froment ne peut guère donner plus de 35 hectolitres. Un hectare d'avoine dépasse rarement 45 hectolitres. Un hectare de betteraves ne fournit pas en moyenne, dans les meilleures terres, plus de 100,000 kilogrammes.

Mais on peut atteindre cela.

12. Si nous pouvions appliquer à un seul hectare toutes les ressources d'une ferme moyenne, si nous pouvions y mettre tout le sable calcaire, toutes les cendres et tout le fumier que l'on consacre à toute une ferme, et si les récoltes, dans cet hectare, pouvaient être proportionnelles à sa fertilité, certes l'on ne songerait pas à cultiver des fermes entières ; on cultiverait un seul hectare, et il faudrait dix ou vingt fois moins de capitaux que dans une ferme de 35 à 40 hectares.

13. Ce n'est pas possible ? La limite des récoltes nous arrête ? Mais pourquoi n'atteignons-nous pas cette limite partout ? En doublant la fertilité, nous quintuplons nos bénéfices. Où nous arrêtons-nous ?

14. Messieurs, il faut que partout l'on sache ceci ; toutes les cultures donnent des profits dans les terres fertiles.

Pourquoi ne sont-elles pas fertiles partout?

Les fermes sont trop grandes, le capital d'exploitation insuffisant. Je répète cela.

Il y a même autre chose : les cultures ne sont pas entre elles dans un rapport convenable. Il y a trop de grains ensemencés, il n'y a pas assez de fourrages.

Je vous dirai pourquoi, un autre jour.

15. Voici mon dernier mot sur les capitaux d'exploitation.

Une ferme moyenne dans notre pays contient environ 35 ares.

Sur ces 35 hectares, il y a 10 hectares de lande et 5 hectares de jachère, de jachère morte, de terre en repos. Les jachères sont formées de terres fatiguées des cultures; elles se couvrent de genêt et restent en pâture 6, 8 ou 9 ans.

Le mobilier du cultivateur, dans une ferme de cette nature, se compose à peu près ainsi :

Meubles, outils, instruments divers, engrais, semences, provisions de ménage, argent en réserve pour les dépenses de l'année, en tout . . 2000 f.

Chevaux, bêtes à cornes, porcs, volailles, en tout . . . . . . . . . . 2000

TOTAL . . . 4000 f.

4000 francs pour 20 hectares productifs, c'est 200 francs par hectare.

C'est 100 francs par hectare en meuble, instruments, engrais, semences, provisions diverses, argent de réserve ;

C'est 100 francs par hectare en bêtes de travail et en bêtes de rente, chevaux, bétail, porcs et volailles.

16. Sur quels articles trouve-t-on l'insuffisance de ce capital ? Que manque-t-il dans ces chiffres ? Voyons cela un peu vite, en deux mots.

17. Insuffisance de capital dans les instruments et les machines, non dans les outils. Il y a plus d'outils qu'il ne faut, car les façons à la main sont trop nombreuses dans les exploitations. Les cultures en sillons sont une ruine, et presque toutes sont en sillons. Elles demandent des façons coûteuses avant les semailles, après les semailles, des façons à bras d'homme qui enlèveraient seules les bénéfices du cultivateur si toute sa famille ne travaillait pas en quelque sorte pour le prix de son eau et de son pain. Il y a trop d'outils, trop de houes à main, trop de *piguelles*, comme on les appelle ici, et pas assez de charrues et de herses bien faites, de charrettes légères et solides, de tarares ou de ventilateurs pour nettoyer les grains.

18 Insuffisance de capital dans les engrais. Combien vaut le fumier produit chaque année dans une ferme ? C'est facile à dire.

20 hectares productifs de grains et de fourrages contiennent environ 400,000 kilogrammes de fumier utilisable. Près du quart de cette quantité est consommée par les récoltes : supposons le quart, 100,000 kilogrammes. Supposons que cette consommation soit fournie par le cultivateur seul, et ce n'est pas vrai, car l'atmosphère y a sa part, une bonne part, et sans l'atmosphère il y aurait déficit. — 100,000 kilogrammes à 6 francs font 600 francs. — 600 francs pour 20 hectares, 30 francs par hectare au plus, ce n'est pas beaucoup, ce n'est pas assez.

Nos cultures devraient consommer deux fois plus

de fumier, 60 francs par hectares et non 30. Pourquoi? Elles fourniraient des récoltes deux fois plus fortes.

19. Insuffisance de capital dans le bétail. Nous avons environ 75 francs de bétes à cornes par hectare. Cela représente une petite vache maigre et vieille ou une génisse de deux ou trois ans. C'est assez pour notre agriculture; certes, oui! c'est assez! car cette petite bête maigre et vieille a faim quelquefois sur les landes; mais en bonne culture, en Normandie, dans les belles fermes, est-ce assez? Les fermes normandes ont 250 à 300 francs de bétail par hectare.

La Bretagne vaut certainement la Normandie, mais son agriculture se crée, et le pas qui lui reste à faire est grand encore. Mais la Bretagne a une agriculture d'avenir et de fortune pour les sages, pour les fins, tandis que dans la Normandie l'agriculture est presque parfaite, et la fortune dans les familles pour ainsi dire gagnée.

20. Le jour où dans notre pays le cultivateur aura mis assez d'argent dans ses cultures en ne cultivant que 10 hectares avec une fortune noyée dans 20 hectares, ce jour-là notre pays sera riche aussi, car le cultivateur aura trouvé l'un des moyens de réaliser des bénéfices. Les fermes trop grandes nous tuent.

21. Messieurs, je passe tout cela. Les faits que je cite sont péremptoires. Vous les admettrez.

Mais il y a d'autres faits. La question des cultures qui donnent du profit est composée de termes nombreux.

22. La terre dans chaque pays a une puissance déterminée de production. Dans notre pays, elle

fournit en moyenne 15 hectolitres de froment par hectare, 16 hectolitres de seigle, 15 hectolitres 1/2 de méteil , 21 hectolitres d'orge , 20 hectolitres d'avoine, 15 hectolitres de sarrasin.

Cette moyenne dépasse un peu la moyenne production des mêmes grains en France. Elle peut être doublée par les fumures.

23. A côté de ce fait, constaté, connu partout, que se passe-t-il ? Un fait qui se traduit ainsi , un fait immense : les dépenses moyennes, dans quatre cultures, dépassent leur produit.

24. Oui, le seigle, le méteil, l'orge et le sarrasin , dans notre pays , ont été en perte jusqu'à ces dernières années.

On a perdu 7 fr. par hectare sur le seigle, 2 fr. sur le méteil, 20 fr. sur l'orge, 14 fr. sur. le sarrasin.

Pourquoi ? Pour deux raisons.

25. On a perdu sur ces cultures, parce que leur rendement moyen n'était pas assez élevé. 15 hectolitres de sarrasin, 15 hectolitres 1/2 de méteil , 16 hectolitres de seigle et 21 hectolitres d'orge ne paient pas leurs dépenses. Si la fertilité avait été seulement élevée d'un quart , aucune de ces cultures n'eût perdu.

26. Tous les cultivateurs ont-ils également perdu sur ces cultures ? Non assurément. Les cultures fertiles ont donné des bénéfices.

L'arrondissement de Brest fournit 40 hectolitres d'orge par hectare , et l'arrondissement de Ploërmel 13.

Saisissez-vous cela ? L'arrondissement de Brest fait de belles affaires, tandis que l'autre paraît dormir.

L'arrondissement de Quimper donne 20 hectolitres de sarrasin par hectare, celui de Vannes 13. Est-ce clair encore ? L'arrondissement de Quimper fait d'énormes progrès, tandis que celui de Vannes avance peu.

27. Ces cultures sont en perte d'une manière moyenne, parce que d'une manière moyenne leur produit est trop faible pour payer leurs dépenses; mais elles ne sont pas en perte partout ; chez les bons cultivateurs, elles donnent des bénéfices, et chez les mauvais, des pertes qui achèvent leur ruine, malgré leurs privations.

28. Ces cultures sont en perte par une autre raison encore, par le prix des grains sur nos marchés, depuis dix ans, depuis vingt ans, prix sur leqnel l'échelle mobile avait une si mauvaise influence.

29. Je n'ai pas le temps de vous dire ce que c'était que l'échelle mobile. Je dis seulement : c'était une loi fatale, fatale pour nous ; sous prétexte de régler le commerce des grains, elle nous empêchait de vendre aussi cher que dans les autres régions de l'Empire.

30. Ainsi, voyez ceci : de 1848 à 1858, le prix moyen du froment en France a été de 21 fr. l'hectolitre. En Bretagne, il n'a été que de 19 fr. 50. Dans la région de l'Est, formée par les départements de l'Aude, de l'Hérault, du Gard, des Pyrénées-Orientales, des Bouches-du-Rhône, du Var et de la Corse, le prix de l'hectolitre s'est élevé à 23 fr. 35

Ce qui nous donne, entre la Bretagne et la France entière, une différence de 1 fr. 10 par hectolitre, et entre la Bretagne et la région de l'Est une différence de 3 fr. 35.

3 fr. 35 par hectolitre font 50 fr. par hectare, suivant le produit moyen de notre département.

31. Mais l'échelle mobile vient d'être supprimée. L'uniformité s'établira dans les prix sur tous les marchés de l'Empire ; la Bretagne y gagnera ; la Bretagne surtout, lorsque ses chemins de fer seront terminés.

32. J'ai toujours été frappé d'une chose : sur le marché de Saint-Lô, dans un département qui touche la Bretagne, l'hectolitre d'avoine se vendait 11 fr., lorsque nous le donnions ici pour 7 fr. J'ai vu cela, je l'ai vu moi-même.

33. Il y a deux cultures en Bretagne qui donnent généralement du profit : le froment et l'avoine.

Ces deux cultures donnent du profit dans toute la France.

Pourquoi ? Je donne mon avis sur cette question. Je ne sais pas si c'est l'avis de tout le monde.

34. Le froment ne vient bien que dans certaines terres, dans les terres qui conservent une humidité convenable dans les dernières semaines de sa végétation.

Quand il vient bien, il vient toujours assez bien pour payer ses dépenses. Lorsqu'il vient mal, il vient très-mal, il donne une perte énorme.

35. Le cultivateur sait cela, voit cela, expérimente depuis longtemps cette chose, et ne met le froment qu'en bonne terre.

Le froment est alors généralement en profit.

36. L'avoine a d'autres habitudes. Elle a une propriété d'absorption énergique. Elle prend dans la terre, jusqu'à sa limite particulière de multiplication, une dose de fertilité considérable, la moitié de celle qui existe, même un peu plus, les 53 cen-

tièmes. Le froment, au contraire, n'utilise que le tiers de la fertilité, même un peu moins, les 30 centièmes.

37. Par cette propriété spéciale, énergique, l'avoine peut donner de passables récoltes dans les fertilités affaiblies, tandis que le froment y manque.

C'est conforme à ce que nous voyons. Car, que voyons-nous? l'avoine cultivée dans une terre mal tournée, sans fumure, après deux cultures de grains.

C'est donc connu. Et l'on en abuse. Je blâme l'abus.

38. L'avoine, en outre, murit vite. Elle demande une somme totale de chaleur moins grande que le froment.

Elle est donc mûre avant le desséchement du sol. Elle peut donc venir presque partout.

39. Le froment donne en moyenne 100 francs de profit par hectare, l'avoine 25. C'est beau. Cela tente. On devrait en cultiver davantage.

40. Suivant une observation de plusieurs années, de dix ans, les résultats généraux de la culture des grains dans ce pays se présentent de la manière suivante :

Produits par hectare. . . . . . . . 204 fr.
Dépenses      do. . . . . . . . 185
Bénéfice net   do. . . . . . . . 19

Ce sont des résultats généraux, comme je vous l'ai dit, des résultats recueillis dans plusieurs années consécutives.

Sont-ils beaux? Encouragent-ils? Que forment-ils sur 20 hectares de grains? 380 francs.

Je l'avoue, je trouve cela fort peu, mais j'ai dit pourquoi c'est ainsi.

Dans une autre leçon, je trouvais un bénéfice de 30 francs par hectare, mais je disais dans quelles circonstances ; c'était dans ces dernières années, où toutes les denrées agricoles sont chères. Il n'y a pas contradiction ; je cite des faits, je fais des comptes ; tout cela est clair, vrai, chaque chose dans son temps.

41. Je m'arrête là, Messieurs. Je vous dirai, dans ma prochaine leçon, suivant quel rapport je désire voir cultiver les grains en Bretagne, et dans quelle proportion l'on doit cultiver les fourrages pour accroître les bénéfices.

# SIXIÈME LEÇON.

## LES GRAINS ET LES FOURRAGES.

Messieurs,

1. J'attache une grande importance à la question que je désire vous développer ce soir. Elle me coûte assez cher. Je l'étudie depuis dix ans.

Cette question est une formule, et cette formule un système de cultures tout entier.

2. Deux choses profondes, essentielles, ont constamment été admirées par moi.

La première, c'est l'intime et merveilleuse association du règne végétal et du règne animal.

La seconde, c'est la grande, l'inépuisable propriété de certaines cultures dans l'utilisation des principes répandus dans l'atmosphère et confinés dans le sol.

3. Dans toutes les exploitations, un fait existe : c'est que le poids total des animaux entretenus par le cultivateur est subordonné à la quantité de nourriture dont il dispose. Et cela est si clair aujourd'hui, que l'on peut en tirer cette conclusion extraordinaire : lorsqu'on connaît dans un Etat le poids de la population animale et la qualité de ses

races, l'on peut déterminer le poids de la nourriture consommée, le poids de l'engrais produit et l'accroissement moyen de la richesse agricole.

4. Pour qu'un cheval puisse vivre, pour qu'un bœuf ou une vache puisse vivre, pour qu'un âne puisse vivre, l'âne si sobre, il faut une même quantité déterminée d'aliments.

Cette quantité est en rapport avec le poids de l'animal.

Elle est évaluée à 2 kilogrammes de foin pour un animal de 100 kilos, à 4 kilogrammes de foin pour un animal de 200 kilos, à 6 kilogrammes de foin pour un animal de 300 kilos, c'est-à-dire elle est évaluée à 2 kilogrammes de foin par 100 kilogrammes du poids de l'animal vivant.

Et si tout ce que les animaux mangent n'est pas du foin, le calcul n'est pas moins juste, on tient compte de la valeur nutritive de chaque substance par l'équivalent qui lui est reconnu en la comparant au foin.

5. Ce n'est pas tout. Vivre ne suffit point. Il faut produire.

Le cheval doit produire de la force ; le bœuf, de la viande ; la vache, du lait, des veaux, puis de la viande aussi comme le bœuf ; l'âne doit travailler, et c'est un bon travailleur ; le mouton doit produire de la laine et de la viande, de la viande surtout ; le porc doit fournir uniquement de la viande, beaucoup de viande, de la viande à bon marché, tendre et jeune.

6. Pour obtenir ces divers produits, chaque animal doit consommer une ration spéciale indépendante de sa ration d'entretien. Et comme les produits de chaque animal sont proportionnels à

cette seconde ration, à cette ration spéciale, chaque animal doit recevoir autant d'aliments qu'il peut consommer.

7. L'animal le plus avantageux est celui qui mange le plus, s'il est de bonne race, s'il est de bonne constitution, si son âge convient au service qu'on lui demande.

8. Certes, n'est-ce pas, tout le monde ne connaît point ce principe. J'ai bien vu mesurer le fourrage au bétail, et l'on m'a bien dit que moins le bétail mange, plus il reste de foin dans le grenier, et plus de paille dans le tas. Et l'on ajoutait qu'en conséquence les bénéfices étaient plus sûrs.

9. Dans les pays à riches cultures et à riche bétail, on ne commet pas de pareilles erreurs. Les animaux nagent dans l'herbe; au bout de deux heures ils se couchent; ils ont une figure heureuse. Mais la vache donne ainsi 20 litres de lait par jour, quelquefois 25, et un kilogramme de beurre; le bœuf fait une livre de graisse par jour, quelquefois un kilogramme.

10. La vache normande, la vache flamande, ces belles vaches dont tout le monde parle, fournissent tous les ans au moins 3000 litres de lait par tête, 13 ou 14 barriques, et 115 kilogrammes de beurre. Combien vaut cela? 450 francs, la moitié du prix moyen des fermes dans la Bretagne.

Et que coûte cela? Le prix du fermage de 80 ares de pâturage. En Normandie comme dans la Flandre, on estime qu'une bonne vache peut être bien nourrie pendant l'année, jour et nuit, sur 80 ares de bon herbage.

11. En Normandie, ce bétail est nuit et jour dans les herbages. Tout le monde sait ceci. Elles

y sont traites, et le lait se transporte dans les fermes sur le dos de jolis ânes.

12. La vache bretonne vaut bien toutes les autres lorsqu'elle est bien nourrie et bien choisie. Mais est-elle bien nourrie? Pas toujours. Et est-elle bien choisie? Vous le savez. On voit mieux.

13. La vache bretonne est admirablement appropriée à nos départements. Sa taille de $1^m$ 05 à $1^m$ 10; son poids de 200 à 300 kilogrammes conviennent fort bien à nos landes, à nos jachères, à nos prés, à toutes nos pâtures.

Les grandes bêtes veulent des herbes longues, et nos herbes ne sont pas longues. La vache bretonne utilise bien nos champs.

14. La vache bretonne fournit 1000 à 1200 litres de lait par an et 48 kilogrammes de beurre lorsqu'elle mange autant qu'elle veut; les vaches les plus grandes de la race noire et blanche, ayant $1^m$ 15 de taille, peut même donner 1500 litres et 60 kilogrammes de beurre. Cela produit de 180 à 225 francs. Mais les vaches mal nourries ne fournissent pas ce revenu.

15. Cette relation caractéristique entre les animaux et les fourrages ne forme pas, Messieurs, le seul genre d'association observé entre le règne végétal et le règne animal.

L'animal mange, mais il ne consomme pas tout. Une restitution considérable se fait chez lui. Cette restitution est la base d'une admirable théorie de culture.

16. L'on admet ceci, et ceci est nouveau; avant les études de MM. Payen, Boussingault et Gasparin, on l'ignorait; l'on admet que les résidus de la digestion contiennent le tiers ou le quart des

substances renfermées dans les fourrages, le tiers ou le quart, suivant que l'animal fournit peu de lait ou beaucoup de lait, peu ou beaucoup de croissance. Plus il fournit de produits, moins il laisse de résidus.

17. Et voici alors la théorie, la grande théorie des cultures : Si une récolte se consomme dans la ferme, si les résidus, les fumiers de toute nature sont avec soin recueillis, la terre ne s'appauvrit que du tiers ou du quart de sa fertilité, car les animaux ne transforment que le tiers ou le quart de cette fertilité, en transformant le tiers ou le quart des fourrages en lait, en viande ou en laine.

18. Et la théorie poursuit ainsi l'application de ce grand principe : si les récoltes sont vendues, l'épuisement de la fertilité est certain, fatal, au bout de 4, 5, 6 ans, si l'on n'achète pas de fumiers.

19. Devant ces deux faits, la consommation des récoltes dans la ferme, la vente des récoltes au marché, et devant les conséquences qui résultent de ces deux faits, on a ordonné une combinaison. On a déterminé une condition intermédiaire avantageuse, en cultivant des fourrages et des grains, en consommant les fourrages dans la ferme, et en vendant une partie des grains.

20. Cependant, messieurs, cette combinaison ne dit pas tout, n'explique pas tout, Il y a autre chose.

21. En commençant je disais : Il existe entre les végétaux et les animaux une merveilleuse association.

A côté de cela, il y a quelque chose de merveilleux aussi, l'inépuisable propriété de certaines cultures de puiser à leur profit les principes répandus dans l'atmosphère et confinés profondément dans la terre.

22. Les végétaux ont deux systèmes d'organes. Les organes plongés dans le sol; les organes plongés dans l'air.

Les racines, organes souterrains, absorbent les liquides et les engrais du sol. Les feuilles, organes aériens, absorbent les gaz de l'atmosphère et évaporent les liquides absorbés.

23. Plus les racines sont longues, multipliées, jeunes et libres, mieux s'accomplissent leurs fonctions. Plus les feuilles sont nombreuses, larges, éclairées, ouvertes et jeunes, plus elles élaborent la sève qui s'y répand.

24. Les racines et les feuilles des céréales ont une faible puissance. Les racines sont courtes, plus longues cependant qu'on ne se l'imagine, plus longue, surtout dans les sols perméables, profonds, fertiles, convenablement humides. Leurs feuilles sont longues, rares, fibreuses, leurs chaumes droits, sans rameaux.

Les céréales utilisent peu l'atmosphère et ne prennent ainsi que la fertilité confinée à la surface du sol.

25. Plusieurs fourrages, au contraire, ont une disposition d'organes toute spéciale, de longues racines, des feuilles nombreuses, une grande durée de végétation.

Leurs racines vont profondément chercher les substances échappées aux engrais, et l'humidité confinée dans une zone constamment soustraite aux grandes sécheresses.

Leurs feuilles, par des millions de bouches, des

pores ouverts à leur face inférieure, par des millions de stomates, comme on les appelle, respirent incessamment, absorbent l'air, l'oxygène, l'azote, l'acide carbonique, l'acide azotique, l'ammoniaque libre, et par un double mouvement dégagent de la vapeur, de l'azote, de l'oxygène, en accumulant dans les cellules et dans les vaisseaux de la plante, les matériaux utiles absorbés ainsi de toute part.

26. Ainsi le trèfle plonge partout ses racines. Elles ont 50 centimètres de longueur, même davantage, elles se dirigent dans tous les sens, elles vont loin, bien plus loin que les céréales, et elles durent longtemps, deux ans au moins.

Et le trèfle a des tiges nombreuses, des feuilles nombreuses, vigoureuses, épanouies dans l'air, nageant dans les gaz qui y circulent, utilisant tout ce qu'elles touchent.

27. Le trèfle fournit deux coupes dans la même année, trois coupes si on l'arrose, des pâturages jusqu'au mois de décembre, et le trèfle dure deux ans toujours aussi bon.

28. Qu'arrive-t-il ? Le trèfle absorbe dans l'atmosphère et dans le sous-sol plus de substances organiques qu'il ne prend aux fumures, beaucoup plus, au point d'offrir ce résultat magnifique : 1,000 kilogrammes de foin de trèfle consommés par le bétail fournissent 2,500 à 2,800 kilogrammes de fumier en sus de la quantité prélevée dans le sol par ce foin. C'est-à-dire que 1000 kilogrammes de foin de trèfle augmentent la fertilité de 2500 à 2800 kilogrammes de fumier.

29. Ces conséquences sont énormes. Voyez cela. Il y a au moins 4000 kilogrammes de foin de trèfle par hectare de récolte, et de plus, les regains

pâturés. Ce produit de 4,000 kilogrammes représente une amélioration de 10,000 kilogrammes de fumier par hectare.

30. Le seigle, au contraire, épuise la terre de 340 kilogrammes de fumier par hectolitre de récolte.

La récolte moyenne du seigle est de 16 hectolitres par hectare dans notre pays.

L'épuisement de cette récolte est donc représenté par 16 fois 340 kilogrammes de fumier, c'est-à-dire par 5440 kilogrammes.

31. Et ici apparaît pour nous, Messieurs, une loi de compensation, une loi d'harmonie admirable. Voyez comment :

32. Un hectare de trèfle, consommé dans la ferme, augmente la fertilité de 10,000 kilogrammes de fumier au moins.

33. Un hectare de seigle, vendu au marché, épuise la fertilité de 5000 kilogrammes de fumier au moins.

34. Un hectare de trèfle et deux hectares de siègle maintiennent donc la ferme au même niveau de fertilité.

35. Je me précipite un peu. J'ai établi la grande loi des systèmes de culture, la combinaison mathématique que l'on peut établir entre les grains et les fourrages, au point de vue de la fertilité du sol.

Il y a d'autres lois encore à observer dans un système de culture; elles viendront après.

Je compète ce qui touche une question actuelle; je n'ai plus que quelques mots.

36. Le trèfle n'est pas le seul fourrage améliorant. La luzerne améliore, le sainfoin améliore, la

vesce améliore, d'après un illustre savant, M. de Gasparin ; les prairies naturelles améliorent elles-mêmes, améliorent beaucoup. Le chou n'améliore pas et n'épuise pas. Il ne déplace pas la fertilité. Ce qu'il prend à l'air et au sous-sol est juste égal à ce que les animaux utilisent en le mangeant.

37. La betterave épuise ; la carotte, le navet, le rutabaga épuisent aussi la terre. Ce ne sont donc pas, au point de vue de ma question, les meilleurs fourrages d'une exploitation.

38. Les meilleurs fourrages pour nous, pour notre pays, c'est le foin de pré, puis le trèffe. Les autres fourrages viennent après.

La luzerne vient après, malgré sa longue durée, une durée de 6, 8 ans ; la luzerne veut des terres calcaires, et nos terres ont peu de calcaire, n'en ont que ce qu'on leur donne.

Le sainfoin veut encore plus de calcaire, et il ne viendrait pas chez nous.

La betterave demande des terres bien fertiles, de grandes fumures, de profonds labours. Nous n'avons pas encore cela.

Le rutabagas et le navet viennent avec moins de peine, mais ils demandent des façons et des outils rares encore parmi nous.

Le chou, avec un peu de fumier, vient magnifique, et dans toutes les terres. C'est une fort bonne culture. Nous la voyons se répandre.

Mais les bonnes cultures, les cultures qui donnent du profit, ce sont les prairies et les trèfles.

39. Voici la formule, la grande formule dont je vous parlais en commençant, la formule d'un système de cultures

Nous cultivons maintenant, sur 100 hectares, 73

hectares de céréales et 27 hectares de fourrages.

40. Nous devrions cultiver, pour n'avoir pas de déficit sur les engrais, nous devrions cultiver 60 hectares de fourrages et 40 hectares de céréales.

Le changement a donc besoin d'être profond.

41. Nous continuerons, dans d'autres leçons, Messieurs, l'étude des questions agricoles les plus attachées aux progrès de notre pays. Il ne faut pas que nous perdions toute notre vie dans un travail sans bénéfice. Il faut gagner, gagner de l'argent, chaque jour, à chaque pas.

# SEPTIÈME LEÇON.

## CONCLUSION.

Messieurs,

1. Je veux clore aujourd'hui les considérations économiques qui ont fait jusqu'à présent l'objet de mes leçons publiques,

Je veux une conclusion.

Elle sera courte.

Elle sera claire.

2. Que voulons-nous ? Des bénéfices.

Et que vous ai-je dit ? Comment on y arrive ?

Vous l'avez oublié. C'était abstrait, et c'était nouveau.

3. Il y a quelque chose d'infaillible dans les études agricoles : c'est l'enseignement pratique de ce qui se fait partout.

Qu'est-ce qui se fait ? Vous le savez. Vous connaissez la vie rurale. On travaille, mais l'on gagne peu.

On perd des forces énormes, des richesses considérables.

Si tout était bien, tout serait riche.

4. L'on perd d'abord la puissance économique et mathématique du capital agricole. Comment ?

Par son insuffisance dans nos opérations; parce que nous avons plus de terre que d'écus

Nous n'avons ni les instruments, ni le bétail, ni les engrais, ni le capital de réserve nécessaires aux spéculations les plus avantageuses.

5. L'on perd la puissance de l'eau, la puissance de l'air, la puissance de la chaleur et de la lumière dans les cultures.

La puissance de l'eau se perd, parce que l'irrigation n'est pas appliquée.

La puissance de l'air se perd, parce que drainage est inconnu, et parce que les labours profonds ne sont pas exécutés dans nos terres.

La puissance de la chaleur et de la lumière se perd, parce que les champs et les prés sont trop humides ou trop couverts de bois.

6. L'on perd la puissance des attelages, par les mauvais chemins, les lourdes charrettes, les champs trop éloignés et trop petits.

Je ne connais pas dix fermes où les chemins soient bons. J'ai pourtant vu beaucoup de fermes.

Je dis pareille chose des charrettes. Vous savez combien il en reste encore avec leurs lourdes membrures et leurs gros essieux de bois. C'est rarement graissé, cela crie, cela fatigue. Et qu'est-ce que cela transporte à la fois ? Un mètre cube de fumier, quelquefois moins, rarement plus, 4, 5 à 600 kilogrammes. J'en vois même assez fréquemment dans les foires, ici, ailleurs, conduisant quelques douzaines d'œufs, quelques poulets et un cent de pommes de terre.

8. L'on perd les forces les moins coûteuses dans les cultures, et l'on se sert du travail le plus cher.

On façonne encore, effectivement, dans beaucoup de pays , les différentes cultures avec des houes à main, des crocs, des outils à bras.

On laboure en sillons, puis on habille à la main la terre ainsi préparée.

Et cela se fait avant les semailles, puis après les semailles.

La herse ne fait rien , presque rien , la herse dont le travail est à si bon marché.

Le travail de l'homme est le plus coûteux. Le travail du cheval est moins cher.

L'on choisit mal ses agents.

9. L'on perd la puissance du sol dans l'une de ses expressions les plus élevées : la fertilité.

L'on perd sa puissance encore dans l'une de ses propriétés fondamentales : la profondeur.

L'on perd sa puissance, sa grande puissance productive dans l'un de ses états les plus importants : la fraîcheur tempérée, l'humidité qui convient aux plantes.

10. Vous connaissez , Messieurs , cette grande loi : les végétaux sont composés d'une certaine quantité de matières, dans une proportion définie, universelle, invariable pour ainsi dire.

Ces matières viennent du sol et de l'air.

Elles sont organiques et minérales.

Elles comprennent l'oxygène , l'hydrogène , le carbone et l'azote , quatre éléments organiques formant les 90 , les 95 et jusqu'aux 99 centièmes du poids des végétaux.

Elles comprennent encore la potasse, la soude, la chaux, la silice , la magnésie, l'acide phosphorique et l'acide sulfurique , huit éléments inorganiques formant la cendre des végétaux, dans la proportion de 1, 3, 5, 7, jusqu'à 11 pour cent de leur poids.

Le sol fournit les éléments qu'il contient.

L'air apporte ce qu'il possède.

La plante vit dans les deux stations.

Mais la portion des éléments absorbés dans l'air par les cultures est en raison d'une double puissance : la puissance productive de la terre par la fertilité, et la puissance des végétaux dans l'une de leurs fonctions les plus utiles à l'agriculture, la respiration.

Les plantes respirent, vous savez cela.

Si le sol ne contient pas chaque matière dans la proportion qui convient aux cultures, ces cultures n'ont pas la vitalité nécessaire à l'exercice d'une active respiration.

Si un seul élément même est insuffisant dans le sol, tous les autres restent en excès, les récoltes n'en veulent pas, et les feuilles n'absorbent point avec énergie les gaz de l'air, si abondamment élaborés par les riches cultures.

Cette loi dit tout. Elle dit ce qu'il faut faire, combien il faut fumer, sabler, chauler, fertiliser de toute manière.

On ne doit perdre aucun engrais.

11. Et l'on ne doit pas seulement fertiliser quelques centimètres de la surface du sol, il faut fertiliser profondément.

La surface de la terre est éternellement attaquée par tous les agents de l'air.

La pluie l'inonde; le soleil la dessèche ; le vent la hâle; le froid la glace

Une récolte dont les racines ne plongent pas

loin, profondément, est en péril du premier au dernier jour.

Je le vois tous les ans.

Le sol se dessèche vite, à la fin de juin, dans les premiers jours de juillet.

Le seigle, l'avoine, le froment, l'orge elle-même blanchissent tout à coup, commencent à mourir. L'épi se fane ; le grain s'aplatit. Il y a demi-récolte, peu de chose.

Pourquoi ? Les cultures se préparent mal.

Les terres profondément fertilisées ne produisent pas ces accidents. Le réservoir d'humidité est loin de la surface. Les racines sont longues. multipliées. La vie des plantes s'accomplit dans une station de moyenne fraîcheur, de moyenne chaleur, de moyenne fécondité.

Les récoltes sont belles, profitables.

12. Il y a dans la vie, dans l'organisation universelle des plantes et des animaux un agent qui occupe les trois quarts de la matière : c'est l'eau.

L'eau remplit les utricules organiques, gonfle les tissus vivants et morts, se meut dans les vaisseaux du végétal et de l'animal, transporte dans les organes les plus profonds les éléments simples ou combinés de la matière, pour former l'accroissesement de vie que le monde cherche éternellement.

Les végétaux l'absorbent par les racines.

Ils la dégagent par les feuilles.

L'eau doit donc exister pour eux dans le sol.

L'eau et l'air, dans une proportion modérée, pas trop, mais assez, préparent dans la terre les aliments des plantes, c'est-à-dire la matière organique composée des quatre éléments cités tout à l'heure, et la matière minérale, composée de huit éléments renfermés dans les cendres des végétaux.

L'air doit se renouveler souvent dans la terre.

L'eau doit y rester en réserve; mais en réserve, elle ne doit pas inonder la terre, elle doit la maintenir humide.

Ces conditions peuvent s'établir. Elles sont pratiques. Comment ? Par le drainage, l'irrigation, les fumures, les labours profonds, les bonnes façons aratoires.

13. Indépendamment de ces puissances incommensurables perdues dans un grand nombre de faits, dans la plupart des faits agricoles, puissance du capital, puissance de l'eau, puissance de l'air, puissance du sol, puissance de la main-d'œuvre, il y a une puissance incommensurable elle-même encore perdue, Messieurs : la puissance de certaines cultures dans l'appropriation des éléments atmosphériques.

14. Je vous ai dit, dans ma dernière leçon, quelle propriété spéciale, quelle puissance d'élaboration possèdent quelques cultures fourragères.

Le trèfle absorbe dans l'air une énorme quantité de matières utiles, ammoniaque, acide carbonique, acide azotique, vapeur d'eau.

La luzerne est comme le trèfle;

Le sainfoin est comme le trèfle;

Les prairies naturelles sont elles-mêmes comme le trèfle, lorsqu'elles sont convenablement traitées.

Ces plantes enrichissent la terre de matières organiques.

Et outre leur propriété d'absorber les éléments de l'air, le trèfle, la luzerne et le sainfoin, par leurs racines nombreuses et longues, reprenent au sous-sol la fertilité qui échappe aux autres cultures.

Cependant le trèfle, la luzerne, le sainfoin, les prairies naturelles, épuisent le sol d'une certaine matière. Ils l'épuisent de la matière minérale, chaux, potasse, soude, plâtre, phosphates divers, et la fertilité ne s'y maintient que par des restitutions égales aux pertes.

15. — L'épuisement des substances minérales du sol par toutes les cultures est un principe fatal, universel.

Rien ne lui échappe.

La matière organique peut s'accroître dans une exploitation sans l'achat d'aucune espèce d'engrais. Un convenable rapport entre les fourrages et les autres cultures suffit pour cela.

Il n'en est pas ainsi pour la potasse, la soude, la chaux, les sulfates et les phosphates. Les récoltes prennent ces substances à la terre, et dans les récoltes vendues, ces substances sont exportées.

Il faut donc les acheter pour que la terre ne s'épuise pas.

Il faut les acheter au meilleur prix possible. Il faut en connaître la valeur. Il faut s'en servir dans une bonne mesure.

Il faut les étudier.

16. — Messieurs, je termine. La production agricole peut s'élever indéfiniment. Le cultivateur peut s'enrichir. Mais en agriculture, il faut savoir son métier.

Un principe d'économie rurale est frappant au milieu des autres. Le voici :

Pour augmenter progressivement les récoltes dans une ferme, il faut cultiver environ 3 hectares de fourrages, contre 2 hectares de grains.

Cette proportion dans les cultures accroît la production des engrais.

17. — Un autre principe, fondamental lui-même dans le développement des récoltes, exige que le cultivateur achète quelquefois des cendres, des matières phosphatées, du sable calcaire ou de la chaux.

Cet achat de matières minérales forme la restitution obligatoire qui empêche le sol de s'épuiser.

18. — Un troisième principe défend de perdre un seul atome de matière utile. Utiliser tous les engrais, toutes les eaux, toute la chaleur, toute l'action de l'air, c'est multiplier indéfiniment la force du sol et la richesse du cultivateur.

19. — Un quatrième principe ordonne l'alternance des cultures.

L'alternance des cultures est une loi de succession qui règle la place des récoltes sur toutes les terres d'un domaine.

Chaque terrain doit porter alternativement des récoltes qui salissent et des récoltes qui nettoient le sol ; des récoltes qui épuisent la surface et des récoltes à longues racines qui s'étendent profondément ; des récoltes qui demandent des fumures fraîches et des récoltes qui préfèrent des engrais décomposés ; en un mot, les grains et les fourrages, doivent se succéder alternativent.

Aux fourrages, les nouvelles fumures et les façons nombreuses de la culture. Aux grains, les cendres et les phosphates.

20 — Un dernier principe, grand, important lui-même parmi les autres, c'est l'emploi rationnel des eaux dans la production agricole.

Mais je m'arrête ici, Messieurs. Je m'arrête devant ce principe , pour l'étudier à part , dans mes prochaines leçons.

Nous y verrons des choses curieuses, inattendues.

L'eau est un monde.

L'eau et la terre.

L'eau, la terre et l'air, confondus dans les mémes phénomènes.

Lorient. — Imp. Ch. Gousset.

www.ingramcontent.com/pod-product-compliance
Ingram Content Group UK Ltd.
Pitfield, Milton Keynes, MK11 3LW, UK
UKHW021648130726
13696UKWH00004B/1474